AF257556

DE

L'ORDRE DANS LA LIBERTÉ

ET DE

L'ORDRE DANS LE DESPOTISME.

DE

L'ORDRE DANS LA LIBERTÉ

ET DE

L'ORDRE DANS LE DESPOTISME

CONFÉRENCE

faite à Compiègne le Dimanche 12 Novembre 1871

PAR M. A. VINCENT

Avocat à la Cour d'appel.

BEAUVAIS

IMPRIMERIE DE J. NOULENS

rue des Trois-Cailles, 8.

DE L'ORDRE DANS LA LIBERTÉ

ET

DE L'ORDRE DANS LE DESPOTISME

CONFÉRENCE FAITE A COMPIÈGNE.

Messieurs et chers concitoyens,

Je viens vous parler de l'ordre, de l'ordre qui fait la paix et la prospérité des cités et qui, au sortir des crises douloureuses où nous avaient plongés nos faiblesses et nos abdications, nous est peut-être plus nécessaire que jamais, est l'indispensable condition de la réforme de nos mœurs, de la régénération de nos âmes, réforme et régénération, qui seules nous peuvent conduire à la régénération de notre infortunée patrie et lui rendre le rang que lui ont fait perdre les fautes et les hontes du passé.

L'ordre est pour les peuples comme pour les individus une des conditions mêmes de leur existence. Le sentiment s'en est fait sentir chez tous les peuples et dans tous les temps. Dès le jour où l'homme a compris que jeté par la Providence nu et désarmé sur la terre, ayant à lutter contre les forces variées et puissantes de la nature, son isolement était sa faiblesse et son impuissance; qu'il lui fallait recourir au secours et à l'aide de ses frères; du jour où se sont formées les premières sociétés, l'ordre s'est révélé dans toute son impérieuse nécessité. Dans toutes les sociétés, dans les sociétés les plus barbares et les plus primitives elles-mêmes, n'a-t-il pas fallu établir un ordre quelconque, n'a-t-il pas fallu fonder un pouvoir qui fit respecter les intérêts, les droits et la liberté de chacun.

Mais si l'ordre est chez tous les hommes un sentiment inné, dont la légitimité ne se discute même pas, un besoin qui s'impose de lui-même et qui force notre obéissance, la notion en est-elle assez clairement connue? Sommes-nous tous d'un avis unanime sur ce qui le constitue, sur ce qui le procure?

C'est, messieurs, surtout à l'heure actuelle, qu'il convient de nous poser ces questions; c'est surtout maintenant qu'il convient de rechercher ce que c'est que l'ordre, d'étudier ce qui peut nous le procurer, maintenant que se pose devant nous les redoutables problèmes de notre reconstitution et de notre avenir, maintenant que des partis et des factions invoquent le sentiment de l'ordre pour déchaîner dans notre pays des violences et des passions dont l'ordre est la première et la plus énergique condamnation. (Applaudissements.)

I.

Qu'est-ce que l'ordre et comment y arriver? Questions qui malheureusement nous divisent alors qu'elles devraient nous unir.

Il est une école qui ne craint pas de professer, d'enseigner, de faire croire à des esprits crédules et inquiets que l'ordre est le grand ennemi de la liberté et du droit. Pour cette école, il n'est de ressources pour la société que dans ce qu'elle appelle un pouvoir fort, dans le pouvoir d'un seul homme. L'ordre, suivant ces doctrinaires, ne consisterait que dans une obéissance servile au pouvoir, quelles que soient les fautes, quelles que soient les injustices de ce pouvoir. Que l'on n'invoque pas le droit et la liberté; si pour tous ce ne sont pas tout à fait des mots vides de sens, ils doivent être sacrifiés devant l'intérêt public, devant cet ordre qu'ils rêvent dans la servitude et dans l'oppression! Erreurs fatales, erreurs funestes contre lesquelles proteste toute notre histoire et dont devrait nous avoir à tout jamais guéri une trop triste et trop recente expérience!

Non, il n'est pas vrai, de dire que l'ordre est l'ennemi de la liberté, que l'ordre est l'ennemi du droit. L'ordre au contraire, c'est la conséquence du droit, c'est la conséquence de la liberté. C'est cette limite par laquelle le droit consacre et sanctionne la liberté de chacun, c'est cette limite qui arrête les intérêts et les passions contraires et qu'une voix éloquente (1) appelait « le grain de sable impuissant mais divin du devoir. »

Si l'ordre dont tous reconnaissent le besoin ne règne

(1) Le Père Hyacinthe: De la religion dans la vie des nations.

pas toujours et complètement dans les cités et dans les peuples, il faut en rechercher la cause dans la constitution des sociétés, dans les conditions mêmes de l'humanité.

L'homme est de sa nature un être imparfait ; composées d'êtres imparfaits, les sociétés participent nécessairement à toutes les faiblesses, à toutes les imperfections de ceux qui les composent. Chez les sociétés comme chez les individus, le besoin, le sentiment instinctif de l'ordre est sans cesse combattu par les intérêts et les appétits de l'humanité ! Dans les sociétés comme dans notre propre cœur, nous assistons sans cesse à la lutte perpétuelle de la raison et des passions.

La raison ! elle vient fortifier le sentiment inné de l'ordre, les désirs et les inspirations de notre âme, vers cette paix sociale, condition indispensable de la vie des peuples. Elle nous enseigne, elle nous crie sans cesse combien et comment l'ordre ne peut exister sans la liberté, la liberté ne peut exister sans l'ordre.

L'homme, être essentiellement libre par sa nature elle-même, (c'est la religion et la philosophie qui nous l'enseignent) voit sa liberté bornée par la liberté et les droits de ceux au milieu desquels s'exerce son activité. S'il entreprend de dépasser cette limite, si pour satisfaire sa volonté, il lèse ou il opprime autrui, sa liberté a dégénéré en licence ; ce n'est plus un droit dont il use, c'est un abus qu'il commet. Tant que chacun se borne à être libre, que chacun exerce son activité dans les bornes que nous a tracé le droit, l'ordre et la paix règnent dans la société. Dès que commence la licence, la liberté disparaît, l'oppression le remplace ; la lutte des volontés, que ne peuvent plus contenir les barrières salutaires de la liberté et du droit, engendre les troubles et les désordres. C'est la lutte des opprimés et des oppresseurs, ce sont bientôt les rivalités des oppresseurs entre eux, c'est le choc des intérêts et des passions contraires.

Les intérêts ! les passions ! conditions , hélas ! nécessaires de l'humanité, qui trop souvent étouffent la voix
intérieure qui nous montre le droit, qui dans nos sociétés empêchent trop souvent le règne de l'ordre et de
la liberté. Trop souvent, jouets de nos intérêts et de nos
passions, nous croyons chercher la liberté et nous pour-
suivons la licence, nous ne comprenons plus ou nous
ne voulons plus comprendre la voix de la raison , nous
ne voyons plus, nous ne voulons plus voir les barrières
protectrices et nécessaires de la justice et du droit. (Applaudissements prolongés.)

De cette imperfection de notre nature, de cette lutte
entre le besoin et le sentiment de l'ordre et de la liberté
et l'esprit de domination et d'agitation qui nous tour-
mente, de cette guerre perpétuelle de notre raison et de
nos passions , naissent la légitimité et la nécessité du
pouvoir. Pour obtenir dans leur sein l'ordre sans lequel
elles ne peuvent subsister, il faut que les sociétés cons-
tituent un pouvoir qui ait pour mission , non point de
créer des droits, le droit existe indépendamment des
lois, en dehors et au-dessus du pouvoir, mais de pro-
clamer ce qu'elles croient être le droit , de le faire respecter, de montrer, d'affermir et de défendre les seules
barrières qui puissent préserver les sociétés des violences
et des désordres des intérêts et des passions humaines.

Ici, Messieurs, se pose devant nous la question quelquefois irritante et aujourd'hui capitale de la nature et
de la constitution du pouvoir. Cette question, j'ai le
devoir de l'étudier avec vous , j'ai le droit de la traiter
ici sans entrer sur le terrain irritant de la politique
contemporaine et militante; sans sortir du cadre que
je me suis tracé, sans abandonner le terrain où je me
suis placé, d'où j'espère bien ne point sortir dans cette
conférence, le terrain de la philosophie et de la raison.

II.

Un même besoin, une nécessité impérieuse et commune a forcé toutes les sociétés à constituer dans leur sein un pouvoir, à se donner un gouvernement. La nature du pouvoir, la constitution des gouvernements varie suivant les temps et suivant les peuples. Elle est cependant loin d'être indifférente au but que dans la constitution du pouvoir poursuivent toutes les sociétés, au maintien de l'ordre et de la paix publique.

Quel est le pouvoir dont l'origine et la nature éloigne davantage les émeutes et les agitations ? Quel est le gouvernement dont la constitution et les assises assurent davantage la grande et impérieuse nécessité de l'ordre. Questions toujours dignes de nos méditations et qui empruntent encore aux circonstances que nous traversons un puissant et légitime intérêt.

Pour les résoudre sainement, il nous faut les aborder sans prévention, à la lueur, non pas des faits contemporains que les intérêts et les passions nous empêchent trop souvent de bien connaître et de bien juger, mais avec les données de la raison et les clartés de l'histoire. Et si, vivifiant ainsi les enseignements abstraits de la philosophie par les faits et les témoignages éclatants de l'histoire de notre pays, nous nous livrons à cette étude, nous pourrons arriver à une conclusion certaine, et nous verrons ainsi combien sont faibles et impuissants pour maintenir la paix sociale, les gouvernements où l'ordre se confond avec un homme ; nous comprendrons sans peine comment et pourquoi l'ordre ne saurait être mieux et plus facilement maintenu que sous ce gouvernement républicain, objet aujourd'hui de tant d'injustices et de

tant de calomnies contre lequel se liguent et des passions et des intérêts que je ne veux pas sonder.

Voyons d'abord quel est, quel doit être, quel a été
l'ordre dans les gouvernements monarchiques; nous
l'étudierons ensuite dans le gouvernement républicain.

La monarchie nous apparaît sous plusieurs formes.
Ces diverses formes de gouvernement ont ce caractère
commun que l'ordre y est confié à un homme que la
constitution de l'état place au-dessus des autres.

La forme la plus saisissante de la monarchie est peut-
être le gouvernement des peuples d'Orient, le gouvernement despotique. Un seul y est placé au-dessus de tous,
il commande au gré de ses volontés et de ses caprices.
A lui seul, appartiennent tous les biens du royaume; il
est le maître de la vie et des biens de ses sujets.

Dans ces sortes de gouvernements, il n'y a point de
place pour le citoyen; il n'existe que des sujets. La
seule vertu consiste dans l'obéissance; le seul mobile
des actions, le seul moyen de maintenir la paix publique, c'est la crainte. L'ordre tout entier repose dans
la crainte.

Or, qu'arrive-t-il? A de certains jours, la crainte disparaît devant d'autres sentiments, et alors adieu l'ordre
dont elle était le seul fondement. Ou bien la crainte
l'emporte dans tous les cœurs et dans tous les temps,
et alors les peuples perdent toute virilité et tombent
bientôt dans ce marasme et cette apathie qui n'empêchent pas toujours les émeutes et les agitations.

Cette forme de gouvernement, nous n'avons pas,
Dieu merci, à nous en préoccuper. Elle répugne au
caractère des peuples d'Occident, et en Orient même
la civilisation l'adoucit chaque jour et tend à la faire
disparaître.

Si les peuples d'Occident n'ont jamais subi les ri-
gueurs et les hontes du gouvernement despotique, la
plupart ont vu la monarchie absolue qu'on appelle quel-

quefois monarchie légitime et qui a été jadis le gouvernement de notre pays.

En parlant ici de cette forme de gouvernement, je n'entreprends point de faire le procès au passé, je ne veux point renier les grandeurs de notre histoire, les gloires de cette monarchie séculaire, gloires qui sont bien aussi celles du pays ; je veux interroger la nature et les principes de cette monarchie, et d'après cette nature et ces principes, établir quelle devait être et quelle a été son influence sur l'ordre et la paix sociale.

On peut dire de la monarchie absolue que c'est le gouvernement despotique adouci dans sa rigueur par les mœurs, la civilisation et la religion ; et, en effet, de même que dans le gouvernement despotique des Etats d'Orient, la volonté du prince y est la loi. « Car tel est notre bon plaisir, » ainsi se terminaient les ordonnances de nos anciens rois !

Dans ces sortes de gouvernement, la principale force qui maintienne l'ordre, consiste dans la volonté du souverain. Les priviléges qui y sont une nécessité y contribuent aussi dans une certaine mesure.

Mais si l'inégalité qui résulte de la constitution même de l'Etat sert quelquefois à maintenir l'ordre par l'intérêt qu'y ont les classes privilégiées, par l'appui qu'elles prêtent au souverain, elle est aussi de nature, par les conflits qui parfois soulèvent des questions de familles et de castes, à causer parfois dans l'Etat des désordres et des divisions funestes.

Si l'autorité du souverain, la force dont il dispose, commandant l'obéissance de tous, empêchant d'ordinaire toute résistance aux ordres du prince, peuvent le plus souvent réprimer les agitations et les troubles, l'exagération même de l'autorité porte en elle-même le danger.

Un homme qui a en lui-même la source de l'autorité, qui peut tout puisqu'il s'appuie d'une main sur les lois qu'il forge au gré de ses volontés et de ses caprices, et de l'autre sur la force, à qui des courtisans répètent chaque jour qu'il est au-dessus des lois, doit sentir quelque jour monter dans son cœur les envahissements du pouvoir. Qu'un jour il oublie que sa toute puissance ne saurait prévaloir sur des droits qui se trouvent au-dessus de lui, et d'empiétements en empiétements, d'envahissements en envahissements il ira dans la voie de la domination et de l'oppression, jusqu'au jour terrible où devant lui se dresseront la force et les passions populaires. Un peuple fatigué de toujours obéir, de beaucoup travailler et de beaucoup souffrir, qui envie d'abord, et qui menace ensuite; un peuple opprimé et qui veut à son tour devenir oppresseur répondra aux envahissements du pouvoir, par ses agitations, ses violences et ses fureurs. Semblables à ces vagues qu'au jour des tempêtes nous voyons se former dans le sein des vastes mers, qui se gonflent, qui grondent, qui hurlent, qui approchent et se brisent avec le fracas du tonnerre, ainsi dans les orages populaires, sur cette vaste mer des passions humaines, nous voyons se former ces deux grands flots, le flot du pouvoir, et le flot populaire; ils grossissent, ils menacent, ils se heurtent l'un sur l'autre, et répandent partout le malheur, le sang et les désastres! Les jours de ces fatales antagonismes, de ses fatales recontres, ils s'appellent l'émeute, ils s'appellent la révolution.

Nous les avons vu, ces jours sinistres, et l'histoire ne nous les montre que trop souvent issus des abus et des excès des pouvoirs, générateurs des violences et des fureurs du peuple.

Je ne veux point, interrogeant l'histoire du moyen-âge, vous y montrer les agitations et les violences de populations soulevées par les excès et le despotisme de ceux qui étaient alors leurs seigneurs et leurs maîtres. Je ne vous parlerai ni des agitations des Maillotins, ni des troubles de la Jacquerie, ni même de ces guerres civiles que l'on a appelé les guerres de religion. Je veux

prendre la monarchie absolue dans son complet épanouis-
sement, sous le règne qui fait l'admiration de nos
adversaires, sous le règne de Louis XIV. Or, que voyons-
nous, malgré les victoires des généraux, les merveilles
des arts, l'éclat de la littérature? un règne qui commence
dans les troubles et les désordres de la Fronde pour se
terminer dans les désastres qu'a entraînés sur la patrie
l'ambition du grand roi, pour finir dans les agitations et
et les maux des persécutions religieuses. Et déjà sous le
despotisme oppresseur de cet homme qui réduisait toute
sa politique dans ce mot resté célèbre : « L'Etat c'est
moi, » l'on peut voir se former les origines et les germes
de ce grand cataclysme qui doit engloutir en même temps
que la monarchie séculaire tout le vieux monde du
passé! (Applaudissements.)

La régence et le règne de Louis XV nous présentent avec
le spectacle du même despotisme, le spectacle d'une
licence effrénée. Pour être tombé dans les petites mains
des courtisanes et des courtisans, le pouvoir n'en est que
plus arbitraire, que plus oppresseur. La licence du
maître s'est étendue à ceux qui l'entourent: il n'est plus
de limites à leurs désirs, de freins à leur audace. Et en
face des grands qui abusent de la toute puissance, tandis
qu'une partie du peuple se corrompt à leurs exemples
et à leurs leçons, il en est une autre qui médite et qui
travaille, qui prépare cette révolution qui bientôt, au
milieu des excès, des luttes, des fureurs les plus terribles
de notre histoire, allait tenter sur les débris du vieux
monde un ordre nouveau et crier aux peuples étonnés
ces trois mots hélas! trop incompris : Liberté, Egalité,
Fraternité ! (Applaudissements prolongés.)

La monarchie absolue ! notre siècle aussi l'a vue. Elle
est rentrée parmi nous, au milieu des baïonnettes étran-
gères ; elle a commencé dans les désastres de l'invasion,
dans les misères, les agitations et les massacres de ce qu'on
a appelé la terreur blanche. Les entraînements du pouvoir

l'ont fait disparaître dans la révolution. Le pouvoir, conforme à son principe, se posant toujours comme la source des droits, avait concédé à la Nation les droits qui lui appartenaient et qu'elle avait conquis: Un jour la royauté voulut briser ces barrières, et le peuple dans une sainte colère se leva tout entier pour la défense de ses libertés et ses droits, et l'on vit en trois jours s'écrouler le trône de Charles X. (Applaudissements.)

Voilà les leçons de l'histoire ; ainsi elle joint sa voix à celle de la philosophie ; tel est l'ordre, alors qu'il repose sur le pouvoir et l'autorité d'un seul !

Pas plus que dans les monarchies absolues, nous ne saurions rencontrer pour l'ordre une base solide dans les monarchies constitutionnelles.

Compromis entre deux principes contradictoires, empruntant aux vieilles monarchies le principe de l'hérédité, aux républiques celui de la souveraineté nationale, cette forme de gouvernement ne semble destinée qu'à servir de transition entre la Monarchie et la République. L'ordre n'y repose que sur l'accord et l'harmonie de divers pouvoirs d'une nature et d'une origine différente et qu'une organisation savante et compliquée prend soin de pondérer. C'est assez dire que l'ordre y a une base bien fragile et bien précaire. Le jour où l'accord des pouvoirs n'exite plus, ce sont les troubles et les agitations qui commencent, le jour où l'un des pouvoirs l'emportent sur les autres fait disparaître la pondération nécessaire ; le gouvernement tout entier s'écroule, c'est la révolution.

L'histoire nous présente une dernière forme de monarchie. Cette forme, par deux fois la France l'a subie ; et chaque fois, elle l'a vue commencer par un coup d'état pour disparaître dans les désastres et l'invasion.

Les hontes et les misères que ce honteux régime a accumulées sur ce pays ne l'y empêchent cependant pas d'y trouver encore des complaisants et des approbateurs.

Des feuilles intéressées nous le prônent encore comme la seule garantie de l'ordre et de la sécurité sociale. L'ordre! nous savons si ce régime a abusé de ce grand mot, de ce noble sentiment; nous savons quel ordre il nous a procuré pendant ces années d'oppression et de servitude, ordre apparent et temporaire, qui, sous le masque d'une prospérité factice, couvait les germes délétères des plus affreux désordres, des plus cruels désastres!

Et ce régime, si nous l'avons eu, s'il a accumulé autour de nous les hontes et les ruines, c'est notre faiblesse, c'est notre décadence qui l'a permis, c'est nous qui l'avons voulu! (Applaudissements.)

L'ordre dans le césarisme ne peut avoir d'autre base que le pouvoir absolu du chef de l'état ; la servilité et la corruption de ceux qui n'ont plus du citoyen que le titre vain et inutile.

Que l'on n'y parle pas des lois, de leur frein salutaire. On enseigne au peuple qu'il est au-dessus des lois, comment les respecterait-il? Aduler, flatter le peuple, répandre dans les masses l'immoralité et le culte de la force, voilà la politique de ce régime. Il est l'inventeur de cette souveraineté populaire au-dessus du droit et de la justice! Avec lui, combien est rapide la décadence des peuples; et de même qu'un jour le peuple romain que passionnaient autrefois les luttes du forum et l'amour de la patrie, n'eut plus qu'un vœu et qu'un cri : *Panem et circenses*, ne nous a-t-on pas vu, nous, les fils de 1789 n'avoir plus qu'un désir et qu'un but : de l'or, de l'or et des jouissances! (Applaudissements prolongés.)

Et un jour l'heure du réveil a sonné, heure nécessaire et terrible! Les intérêts dynastiques font couler le sang des peuples, l'ennemi frappe aux portes de nos foyers, les armées, démoralisées par le despotisme, désorganisées par la corruption ont disparu, et la nation, rejettant loin d'elle comme un manteau empoisonné le despotisme qui l'a trompé, se lève pour défendre le sol sacré de la patrie ! Mais, hélas ! il est trop tard ! nous ne pouvons plus que tomber avec honneur. (Applaudissements.)

Et puis, après la défaite, après l'invasion, les fruits du despotisme vont encore répandre chez nous les ruinés et les désordres. Des masses, auxquelles dix-huit années d'oppression ont donné le spectacle malsain de l'immoralité, ont enseigné cette souveraineté populaire au-dessus du droit et de la justice, se sont levées, et aux maux de la guerre étrangère ont ajouté les désordres, les désastres et les hontes de la guerre civile. (Applaudissements.)

Générateur de la guerre étrangère, générateur de la guerre civile, voilà l'ordre du césarisme, et cet ordre, pour nous, nous n'en voulons plus ! (Applaudissements prolongés.)

A côté de l'ordre dans les monarchies, nous avons à étudier l'ordre dans les Républiques. Et je ne veux pas m'occuper ici des républiques aristocratiques de l'antiquité, mais seulement des républiques démocratiques de nos sociétés modernes.

Un préjugé que né tendent que trop à propager des partis dont je ne veux ici sonder ni les intentions ni l'intérêt, consiste à soutenir que cette forme de gouvernement ne saurait donner l'ordre et la sécurité sociale ! Préjugé que les faits se chargent eux--mêmes de démentir !

Sans invoquer l'épreuve qui s'accomplit en ce moment, sans même aller chercher au-delà des mers l'imposant spectacle de la grande République des Etats-Unis, ne suffit-il pas, pour apprécier comment une république peut maintenir l'ordre et la tranquilité publique, de jeter les yeux sur un état tout voisin, sur ce peuple Suisse à la fois si petit et si grand ? Si petit par le territoire, si grand par l'âme de ces citoyens ? Cette petite république n'a-t-elle pas l'ordre au dedans; ne conserve-t-elle pas toujours au dehors la dignité qui convient à un peuple de libres citoyens ! Alors que les rois et les peuples de l'Europe s'inclinaient devant les barbaries dont la France était le théâtre, la République suisse n'a-t-elle pas élevé la voix, n'a-t-elle pas fait comprendre le cri de l'humanité à la nation qui ne respectait que le culte de la force, n'a-t-elle pas donné l'asile aux femmes et aux vieillards de Strasbourg bombardé. (Applaudissements.)

Et cette nation si douce et si paisible, elle a aussi ses légendes et ses gloires guerrières ! n'a-t-elle pas, dans sa faiblesse et son humilité, lutté pour son droit et son indépendance, et vaincu les plus fiers et les plus puissants empires. Oh ! puisse notre France se rappeler un jour l'héroïsme des fils de Guillaume Tell ! Puisse, lorsque sonnera l'heure des combats, l'heure de la délivrance, cet exemple se joindre à celui de nos pères, puissions-nous alors comprendre que lorsqu'un peuple combat pour son indépendance, il n'y a point de milieu entre la victoire ou la mort !

La République n'a jamais fonctionné chez nous comme gouvernement régulier. On la confond trop facilement avec les révolutions qui en imposent la nécessité et qu'elle seule peut empêcher. On met à son compte les violences et les excès, fruits mauvais et des errements et des fautes des gouvernements auxquels elle succède, injustice d'autant plus imméritée qu'aucune forme de gouvernement n'est plus apte à maintenir l'ordre et à assurer la tranquillité publique.

L'ordre dans les gouvernements républicains réside dans ce qui constitue leur nature elle-même dans la souveraineté nationale. Chaque citoyen y est à la fois souverain et sujet: souverain par son vote par lequel il contribue à la confection des lois, à l'administration du pays; sujet, parce qu'il doit obéir à ceux que sa volonté à placé à sa tête, aux lois qu'il s'est données à lui-même

Et plus un citoyen a été honoré de la confiance du peuple, plus il a été investi de fonctions et de magistratures, plus il doit donner l'exemple du respect à la loi.

Le principe et le ressort de ce mode de gouvernement, un grand philosophe l'a dit : « C'est la vertu. » Le danger y est dans l'abaissement des caractères, et le jour où la vertu disparait, disparaissent aussi l'ordre et la liberté !

De ce que sous la forme républicaine la vertu est indispensable, il s'ensuit qu'il y faut, sous peine de décadence et de ruine, y instruire, y moraliser le peuple, qu'il faut que l'instruction et la voix du devoir le puissent diriger dans l'exercice de sa souveraineté.

L'instruction ! contre elle que de préjugés que d'injustes craintes. Il en est un trop grand nombre qui refusent au peuple l'instruction auquel il a droit et qui lui refusent par intérêt et par crainte ; et ce sont ceux-là mêmes qui, le plus souvent reprochent aux masses leurs emportements et leurs violences ! Reproches injustes et qui se retournent contre leurs auteurs. De quel droit reprocher à ceux qu'on voue à l'ignorance les fautes et les emportements qui sont la logique et funeste conséquence de cette ignorance. Ecoutons, messieurs, les éclatantes leçons des faits contemporains. Voyons partout le mal, la violence et les excès diminuer devant les progrès de l'instruction. Dans les cités où l'ouvrier est le plus instruit, les grèves se passent sans agitations et sans troubles. Là où règne l'ignorance, règnent aussi les passions et le désordre. Aux jours de grève, une multitude, qui ne sait rien et qui souffre, se livre à tous les excès et à tous les emportements de ses colères. On n'a pas voulu de l'instruction, et contre ces masses il faut user de la force et parfois répandre le sang des hommes, et faire des cadavres ! (Applaudissements.) Souvenez-vous d'Aubin et de la Ricamarie. (Applaudissements.)

L'instruction, dans une République, doit avoir pour but la moralisation des masses.

La morale! nous ne la connaissons pas assez, nous n'y conformons pas assez notre vie. Il faut, sous le système républicain surtout, apprendre au peuple qu'il n'est pas vrai qu'il soit deux morales, une morale pour la vie privée, une morale pour la vie politique. Il faut qu'il comprenne que la morale est une, qu'elle est immuable, qu'elle existe indépendamment et au-dessus de lui. C'est la condition nécessaire de sa souveraineté!

Ainsi, messieurs, l'ordre ne saurait avoir de base solide, de fondement stable, si ce n'est dans la liberté et dans le droit; l'ordre ne saurait exister chez nous sans instruction, sans moralité. Les malheurs où nous ont plongé l'oubli du droit, le mépris du devoir sont pour nous une leçon cruelle, mais une leçon qui peut et qui doit être salutaire. L'heure est venue de travailler tous à notre régénération et à notre reconstitution. L'heure est venue de mépriser cet ordre et cette prospérité apparente, que pendant des années nous avions cru voir dans l'abaissement et dans l'oppression. Il nous faut redevenir des hommes, des citoyens, et ainsi nous marcherons vers un meilleur avenir et saurons un jour posséder ce qui fait la véritable grandeur et la véritable gloire des nations : l'ordre dans le droit et dans la liberté. (Applaudissements.)

———

BEAUVAIS,

IMPRIMERIE DE J. NOULENS,

rue des Trois-Cailles.

———